눈물 사용 시 주의 사항

미네르바 시선 086

눈물 사용 시 주의 사항

김충래 시집

미네르바

■ 시인의 말

일곱 빛깔 문장이 반원을 그립니다.
하늘과 바다, 그리고 산을 이어
희로애락애오욕, 칠채七彩로 마음을 색칠합니다.

보이지만 잡히지 않는 詩, 그림입니다
잡지 못해도 품을 수 있습니다.
가슴에 담으면 무지개가 떠오릅니다.

아름다운 공허를 찾아
붓에 애드벌룬을 달아 올립니다.
보이지 않는 나머지 반쪽을 찾아
붕새를 타고 구만리 장정에 오릅니다.

마침내 서광처럼
쌍무지개가 떠오릅니다.

2025년 여름
구슬 같은 샘, 옥정리에서 김충래

■ 차례

1부 사각 속 동그란 얼굴

고슴도치	19
요가	20
물거품	22
눈물	24
이명	26
언총言塚	28
감	30
자네 - 詩	32
숟가락의 작은 허무	34
뚜껑 달린 의자	36
소금	38
사각 속 동그란 얼굴	40
낙서를 태우며	42
고독	44

2부　출범하지 못하는

소가죽 북	49
환호작약 歡呼雀躍	50
물의 나라에서 낚시질	52
저울	54
택배 상자	56
뻥튀기	58
압화 壓花	60
문	62
번뇌	64
알 수 없는 길	66
출범하지 못하는	68
하지 감자를 심으며	70
소고기는 가스다	72
꿀꿀거리는 돈	74

3부　입속의 바다

홍어	79
땀의 탁본	80
나 원 참,	82
처음처럼 맛본 참이슬이라니	82
입속의 바다	84
전煎 부치는 말	86
마라톤	88
애국자 코스프레	90
내 몸에 핀 꽃	92
상처가 허물은 아니다	94
물의 나라에서 쿠데타	96
양파를 반으로 자르면	98
혼술문학상 수상소감	100
지구를 돌리는 두 다리	102
자유 1	104

4부 티끌 같은 메아리

티끌 연서戀書	109
우체통	110
알고리즘의 눈	112
아스팔트의 만찬	114
공空	116
입과 항문	118
눈물 사용 시 주의 사항	120
사막	122
비등沸騰	124
모래는?	126
백비白碑	128
서산 삼존 마애불	130
모나리자의 미소	132
티끌 같은 메아리	134

■ 해설 | 자기분화自己分化한 배경 의식의 시현示顯   137
_ 박용진(시인)

1부

사각 속 동그란 얼굴

고슴도치

살 속을 파고드는
기억하지 못한 가시 박힌 말
뻣뻣한 바늘 속에 숨긴 채
다가설수록 찌르는 화살
돋친 말들에 자기를 지키려다
상처가 상처를 덧나게 하지

때가 되면 밤송이처럼
아픔을 터뜨릴 수 없는 가시 속의 가시
다치지 않으려 애쓰며
평행선을 지키는 방어적 자세

까발리고 싶지 않은 속내
혼자의 넓이를 가늠하다
촉을 세워 접근 금지
울타리에 가시관을 얹는다
날카로운 경계심 갖고서
홀로 웅크리고 있는 허세 많은 겁쟁이

요가

늦가을, 굳은 나뭇가지
수관 타고 내려가는 물
가지 끝엔 잎 대신 무거운 한숨
곧 닥칠 서릿발

허리 협착증은
등뼈 깊숙이 박힌, 오래된 옹이
그 무게에 휘어진 자존은
봄조차 머뭇거리게 만드는데

물구나무선다
속 뒤집힌 체념들 쏟아지고
내장에 고인 쓴 기운이
코끝까지 치밀어 오르지만

쟁기 자세로
구불구불한 이랑 갈아엎고
고통의 골 따라 꽃씨 뿌리면
古木에도 수액은 슬그머니 돌아

언젠가 싹은 돋겠지

한 발로 서서
두 팔 하늘 끝까지 나무 자세
흔들리는 생각 견디면
발밑에 뿌리내려 눌러둔 울음 자리
꽃봉오리 하나 피어난다

혀끝에 조용히 '나마스테'
군더더기 없는 하루
날개처럼 돋아나길 바라며
마침내 枯木이 될지언정
살아 있음에 열매 맺힌다

물거품

안개꽃 감싸인 장미일까
장미가 숨은 안개꽃일까
햇살도 나풀나풀 듬뿍 안고
물보라 일으키며 사뿐사뿐 다가온다
빛나는 실루엣, 누구일까
예고도 없이 내게로 밀려온다

보도블록이 들썩이고
플라타너스잎이 경쾌하게 춤추며
발뒤꿈치 들린 그녀 가까워진다
누굴까
심장은 연이어 박동 질이고
머릿속엔 눈부신 꽃다발이
파도처럼 물결친다
이런 기적이, 이게 뭔 일일까
다정한 발걸음 코 앞에서
숨조차 턱 막히며
손을 뻗으려는 찰나,
〈

간이역처럼 무심히 지나치더니
뒤에 서 있는 남자에게
폭풍처럼 두 팔 가득 휘감기네

내 안에 신기루
다시 안갯속이다

눈물

비워진 듯 채워져 있구나
채워진 듯 비어 있기도 하고
계속되지 않고 사라지는구나
눈에서 나오는 갈증 같은 영혼
살아있기는 해도
확실하게 살아있는 건 아니구나
천상에서 지상으로 오고
지상에서 천상으로 가는구나
천국에 닿기 전에 꺼져버리는구나
조용히 살다 눈꽃도 피우지 못하고
간간하게 마음만 적시는구나

살아 있으니 우는구나
울 때만 찔끔
소리 소문 없이 다가선 가뭄
샘이 바닥이구나
마른 웃음 비틀 듯 나오지 않는구나
이슬처럼 사라지니
반짝거림이 아파하는구나

뜨겁게 아린 가슴이었는데
흐느끼며 삼키던 쓰라린 맛도 그립구나
잊혀가는 진주
닫지 않아도 스스로 폐쇄되니
서걱대는 마음 울컥하는구나

주름지고 메마른 골짜기로
한 방울만이라도

이명

막힌 곳에서 앙다물고 운다
징징거리며 같이 울 수도 없고
맥락을 잡지 못해 무심한 척,
대수롭지 않은 척 척 척도 지겹고
웃는 남들 앞에서
무표정한 형광등 답답하다

밤낮없는 불협화음
혁명을 하자는 것인가
듣는 귀가 있다면 타협하자
좋은 곳 특별 분양해 줄게
배꼽으로 이사 가지 않을래
뱃살이 나올수록 안전지대고
숲도 우거져 울기에는 좋은 환경이야

배꼽은 중앙 무대야
소라 같은 굴속은 아니더라도
우렁이 속 정도는 되니
오랜 터에서 새로운 곳으로

여행 떠나듯 나오렴
가끔 홍수 져도 오목해서 버틸만할 거야

언총言塚

그 사람 떠난 뒤 벽이고 허공이다

잘 잤어? 기분 어때?
일상적인 말 내뱉고
대답 없는 메아리에 글썽이는 눈
혼자 보는 매화는 시리고 아프다
한때는 마음의 비밀번호 몰라
격한 말 주고받았고
주파수 찾지 못해 찌지직거렸던
말빛을 다 안은 채

TV는 혼자 중얼거리고
딴짓을 해도 잔소리가 없다
욕을 해도 들어줄 사람 없으니
괜스레 집어던지는 시집
나갈 문은 다 열려 있는데
쥐구멍만 보이고 그 속에서
웅크린다
〈

가까이 있는 듯 머나먼 말들의 눈빛
다가서면 흩어지고 잡으려 하면
도망가는 조각난 웃음들
눈 떴다 감는 말들의 세례
미라가 된 듯 보고 듣지 못해
착시라도 보고 싶고
환청이라도 듣고 싶은 목소리

동굴 속 종유석처럼
한 방울 한 방울 떨어지는 말의 눈물
어둠 속의 유골
동그란 무덤 쌓으며 대답 없는
너를 기다리다 나를 폐쇄시킨다

감

배꽃 복사꽃 다 떨어져도
오월의 감나무는 서럽지 않았지
거무스름한 살결 위
따뜻한 입김 뺨 부비면 수줍게 뜨는 눈
소곤거리며 반짝이는 황홀
그땐 몰랐지
몰라도 노오란 웃음꽃 피웠지

앙다문 씨앗 속에
벌판을 물들이는 나비 숨었지만
떫을 땐 알 길 없었지
쬐끄만 꼭지에 매달려
햇살 몇 주먹에 설레며 붉었지
숨결처럼 붉어 늘 붉을 줄만 알았지

갈수록 떨어지는 감과 感
저마다 하늘로 날아가고
무한 천공에 홀로 남아 불 밝히며
쪼아 먹히는 간

눈보라는 덮쳐오는데

처절하게 다시 오는 봄
뿌리부터 뜨겁게
기꺼이 움 틔울 수밖에
죽어서도 못 갚는 쓰린 피
프로메테우스*의 붉은 간
홍시紅柿여 밥이여

독수리 부리 붉게 물들었다

* 인간에게 불을 훔쳐 단 준 죄로 제우스에게 벌을 받은 불의 神.

자네
—詩

요즘 자주 만나네 그려
십년지기는 되었으니
이젠 좀 알 것 같은데
여전히 신기루고 무지개 같아
설익은 생각과 어중간한 이미지들이 부딪쳐도
못마땅한 얼굴 좀 펴지 그래
묵은 껍질 벗기고 낯선 경계에서
너를 부르지만 만만찮은 자네,
보일 듯 말 듯 아리송함이
가슴 뛰게 하고 애타게 하는 재주가
까다로운 애인 같아
혀끝에 맴도는 말로 터놓고 사귀자 하면
꼬리를 살랑살랑 흔들고
벗기고 싶어 다가서면
저만치 서서 손짓하며
따라오라 하네
외사랑하는 마음 순수하니
가끔 손 한 번 잡아 줘
그러다 번쩍하는 애정에

까무러치더라도 자네,
나 좀 꼭 껴안아 줘

숟가락의 작은 허무

허기를 물에 씻어 눈금을 맞춘다
뜸 들이는 전희前戱를 느끼는 사이
김빠지는 소리로 허전을 깨운다
적막은 식탁 허리에 깔려
씹어도 채워지지 않는 공허
몸으로 갈아 밥을 삼킨다

하루에 세 번씩 머리를 조아리는 밥의 신전神殿
떨어지는 이팝꽃이 아니니
노동의 삽으로 떠먹어야 하는 밥
가시가 있는 밑밥
낚아채다 미늘에 걸린 입천장
젖은 밥 등에 기댄다

죽도 밥도 아닐 때
저항하며 나아가야 한다
밥 한 그릇에 팔리지 않기 위해
주눅 든 밥 먹지 않기 위해
배부른 쥐가 갉아먹지 못하게

태엽 감는 시계가 되지 않기 위해

산다는 빚은
밥처럼 세월을 삼키며 늙어 가는 것
잠시 머무는 젖무덤
고봉밥 같은 흙무덤
입안의 밥알을
으스러지게 씹으며 가는 길
어기적거리다 찬밥 되는 세상에
밥과 똥 그 사이에서
길을 잃기도 하지만
젖니 같은 새 밥통에다
밥풀때기 나눠 주며
살고 싶은…

뚜껑 달린 의자

하루 한 번 새벽에 만나
밤새 끙끙 앓던 생각 밀어낸다
온통 한곳에 집중하며
명상으로 잡념도 버리고
부동자세로 한판 싸움 위해
힘 조절과 심호흡한다

구멍에서 구멍으로 가는 길
다른 구멍 맞춰 압박하며
먹은 죄 고백하고
고문받듯이 용쓴다

마무리하기 전
물과 바람에 민낯 씻고
냄새, 굵기, 색깔에
속이 편한지 숙성이 되었는지 묻는다

온전히 하루를 살아가는 것은
뒤를 유심히 본다는 것

그래야 열받아 뚜껑 열리는 일
생기지 않겠지

마르셀 뒤샹*같이 엉뚱한 상상이
대박치는 시로 나올 수 있게
두루마리 굴리는 머리

일상을 닦는다

* 현대 예술에 지대한 영향을 미친 프랑스 예술가.

소금

한 됫박 팔아서 밑천이 되지 않는데
그것조차 못 팔면서
서푼 어치도 안되는 자부심에
고독을 장사하고 있지
적어도 자신은 썩지 않는다고
고상한 척하지만 속은 구리지
3% 짠물이 바닷물 싱싱하게
만드는 것은 하루 70만 번 몸 뒤집어서
소리치는 아우성이 있지

햇빛 알갱이와 바닷물의 속삭임
팡이팡이 곰팡이도 슬지 않고
분열과 응고를 거쳐
소금 같은 언어로 거짓말 같은
시를 침전시킨다고 밀고 닦고 추스르지
고문 같은 희망에 詩냐 막걸리냐
걸러내고 걸러내는 염부 鹽父
시대에 방부제라며
정제염 같은 소리 해봐도 부질없지

〈
그래도 번지고 스밀 수 있다면
소금꽃 하얗게 사라지더라도
하루 십만 번씩 뛰는 심장의 물결 소리
느끼기 위해 몸부림이지

또 내 生에 이만한 것이 있겠냐면서

사각 속 동그란 얼굴

정중앙을 뚫고 간 사랑

구멍에는 상처가 자란다
휑한 자리 살과 살이
맞닿으면서 아픔을 꿰맨다
각 잡고 사는 생에
둥글게 살라고 가르쳐 준
외줄에 매달린 인연
절절함에 애가 타
유리 가루라도 묻혀 끊고 싶은 정
꼬리를 자를수록,
높이 올라갈수록 흔들리고 흔들리며
중심을 잡지만 까마득한 곳
소실점으로 함께 사라지고 싶은
동그란 사랑이 아프다
살아가는 이유가 된
깊어질수록 높아지는 원
살과 살 사이로 흐르는 목소리
들을 수 없어 고개 흔든다

꼬리치는 웃음과
가슴팍에 뻥 뚫린 멍울 안은 채
얼레에서 한없이 풀리며
공중제비로 곤두박질치다 솟구친다
탱탱한 인연 끊고
먼 곳 향하여 사라지는 방패연

보름달이 초승달로 기울고 있다

낙서를 태우며

빼곡한 낙서 종이의 뒷장 같은 죽음

작업복이 수의가 되고 안방이 관이 된다
재로 주저앉는 향불은 절름거리며
들썩이는 어깨 위에서 훌쩍인다

다짐은 공중에 떠다니는 부표
끈 떨어진 말들이 술상에서 웅얼거린다

게으르게 가고 싶은 그 나라
성질 못 죽인 죽음
알코올로 소독하며 속을 게워내도
삭제된 전화번호가 진동처럼 울고

하얗게 태운 밤
함께 쓴 낱장을 태우며 길을 나서다
주저앉는다
심폐소생술로 추억을 되새겨 보지만
찢어지고 뜯어진 페이지

〈
소지燒紙 올리듯 두 손 모으고 배웅한다

고독

사는 일이 자갈거릴 때
하나이며 전부인 온몸 끌고
사막으로 걸어 들어간다
모래와 모래 사이
관계에 묻힌 옷자락 찾아서

있는 듯 없는 듯 틈과 틈
숱한 인연에서 생애를 지고
걸어가야 할 광대한 사막
발가락 사이로 모래는 빠지고
끝은 보이지 않는다

속고 속이는 바람의 발자국
뺨에 스치며 갈 길 가고
곰곰이 익히는 햇빛은
유랑 속에서 번제물로 바치게 하는데
숨어 있는 옷자락 어딘가 있을 것인가

바람을 부둥켜안고

실려 가는 모래의 길
결국 토해낼 것이고
가뭇없이 사라진다 해도
많고 많은 모래 속에서
전부이면서 하나인 몸
호홀로 가야 하느니

2부

출범하지 못하는

소가죽 북

매 맞던 엉덩이에 뿔난 송아지
이리 뛰고 저리 펄쩍펄쩍
들썩이는 산의 리듬 앞발로 차고
출렁이는 들의 박자 뒷발에 밟힌다

창공에 풀피리 한창 더 높을 때
야생의 소리를 묶는 코뚜레
고삐를 당길 때마다 천둥과 바람이
살가죽에 잠기고 한숨은 허공에 흩어진다
우울을 담은 동그란 눈에
그렁그렁 매달린 울음

맞으면 맞을수록 막혔던 서러움
되새김질하며 토해낸다
여물여물 씹었던 가락이
북북 찢어지게 제 몸을 둥둥 친다
굿거리장단에 휘날리며
북소리는 눈물에 메아리친다

환호작약歡呼芍藥

불쑥, 당신이 그리운 날엔
심장 한가운데 작약이 움튼다
은하수 물결 타고 일렁이는
한 송이 고래

아직은 빙산의 일각
고래가 몸짓을 다 보여주지 않듯
내 안에 울고 있는 작약의 붉은 혀끝
수평선 위 수만의 가오리연 줄
팽팽한 사랑의 물살 당기는데

그 찰나, 콧등 곧추세우고
솟구치는 작약은 고래
비늘마다 햇살이 박히고
꽃잎은 벽공에서
깨진 유리처럼 반짝인다

더 넓은 태평양
뛰어오르고 타오르며

다 보여주고 싶어
온몸 던져 일어서지만
자꾸만 잡는 꼬리
바다 삼키고 하늘 열어젖히는 포효
끝내 환호작약 할 수 없는가

작약 고래 등지느러미로
떨림을 견디며 당신 앞에 선 내 마음
부레로 물살 밀어 올리고
눈물의 부력이 수면을 박차면
어둠의 밑바닥 찍고 솟아오르리
언젠가는…

물의 나라에서 낚시질

생각은 물비늘에 번지고
마음은 물살 따라 일렁일 때

물잠자리 날개 털고
잉어 하품하며 눈 비비는 호수
가난한 시름 흔들리는 갈대 사이
고무보트 느릿느릿 저어 가는 사내
이마 적셔오는 새벽빛은
네 얼굴과 겹쳐 비춰온다

안개도 발끝 들어 걷는 물의 나라
술 한 잔 띄워놓고
라면발 낚아 올리는 사이, 들리는가
네 속에서 뱀장어 코 고는 소리
연잎의 한숨 같은 뒤척임
숨어 알 까는 붕어 꼬리 치는 소리

신기루 피어오르는 곳
찌에 눈 걸어두면

떠오르다가 가라앉는 얼굴
연민 하나씩 떡밥에 묻혀 던지다
꾀죄죄한 졸음에 화들짝, 입질인가
다시 가부좌하고 멍하니
가물거리는 네게 흐느끼다가

손에 잡힌 것 없는데
일렁이는 모습 가까이 다가오다
물속 깊이 끌고 간다
낚싯줄 끝 어딘가
미늘에 걸려 있는 나를 낚아서
너는 어디로 데리고 갈 것인지…

저울

죽음은 저울에서 날아갈 수 있을까

뇌성마비, 지체의 구부러진 사지
허름하게 버텨낸 세상

비틀거림과 흐느끼는 접힌 몸 얹자
삐걱- 저울추가 낮게 울었다

생이 짊어진 풀 수 없는 몸짓
터진 모래주머니처럼 쏟아졌고
바늘은 떨다 끝내 숨 삼켰다

제비꽃 한 송이 깨알 같은 심장으로
웃음과 상처를 품고
일그러진 얼굴로 봄노래 불렀을까

언어장애까지 겹쳐 오만상의 말들
밥알처럼 흩어져 부딪치며
알아들을 수 없는 절규만 남기고

〈
질량 보존의 법칙도 비명 지른다
한 줌도 안 되는 뼛가루
삶도 무게도 불공평이다

무슨 은혜인지 턱없이 짧게 끝난 생
굴레에서 탈출한 듯 다 끝났으니 이제 편안한가
적막이다

찢긴 날개에 뭉게구름 실어
몇 방울의 눈물 그녀를 밀어 올린다
영혼의 눈금으로도 가늠 못 하는
저 푸른 하늘

너머로

택배 상자

패스트푸드가 의료인 살리고
패스트 패션이 지구를 죽게 한다면
믿을까
울트라 패스트 패션으로 달리는 지금
초고령화 사회보다 저출산이 심각한데

온난화가 갈수록 심해지면
벗고 다녀야 하는 반작용일까
쇼핑호스트 입맛에 다음날 현관 앞에
언박싱*의 쾌락을 위해
상자는 얌전히 놓여 있다

엊그제 구매한 과잉된 감정
유행도 지나지 않고
철철이 넘치는 입지도 않는 쓰레기
연체이자가 붙어
거북이의 등과 산호의 입을
틀어막아 목을 조인다
〈

헌 옷 수출량 세계 5위
하지만 곧 1위를 탈환할 것이다
명실상부한 자살률 1위를 지키고
어린이 교통사고 1위를 고수하는
우리의 자긍심과 긍지가
힘 합치고 나아가
100관왕에 이바지할 것이다
빛나는 사명과
타고난 저마다의 소질을 계발해서
옷의 라벨을 뗄 것이다

* 상자를 연다는 뜻으로, 구매한 상품의 상자를 개봉하는 과정을 일컬음.

뻥튀기

얄팍하고 하얀 뻥이 쏟아진다
바스락바스락 입에서 입으로
거짓말을 참말처럼
뻥뻥 터뜨린다

귀 닫고 입술 깨물지만
뻥 뚫린 가슴으로 새빨간
뻥들이 대포를 쏘아댄다
뻥으로 교전하며 뻥에는 뻥
큰소리칠수록 숨을 졸인다

시장市場의 뻥 장사는 "뻥이요"
소리 지르며 뻥을 까지만
잘 난 것들은 소리 없이 뻥
냄새가 질펀하다

방공망은 무너지고
비행금지구역도 뚫리고
참말이라며 미사일이 뻥뻥뻥 터져도

괜찮다고 뻥 튀기는 소리 요란하다

빙글빙글 돌아가며
부글부글 끓고 있는 압력
천지연과 백록담이 다시
뻥 터진다고 하면
믿어야 할지 말아야 할지

압화壓花

쪽빛 잎새에 가녀린 꽃
꽃밭에서만 움츠려 있다가
외래종들도 함께 들뜬 마음
축제의 장
수년만의 외출이다

떼 지어 휩쓸리며 뽐내다
자박자박 걸어오는 압박
솜털 같은 잎의 무게가
꽃잎을 덮친다
그 위로 밀려오는 수많은 꽃송이들

관棺이라는 검은 글씨가 적혀 있는
158쪽에 모두 갇힌다
앞쪽과 뒤쪽 사이
노랗게 질린 꽃잎들
납작하게 엎어져 헐떡이는 숨
흐트러진 초점 찢어진 날개
꽃들은 엉겨서

절벽이 된 바닥에 묻힌다
꽃의 얼굴,
이름도 없이 압사壓死다
거짓말 같은 현실이라는
상복 입은 글씨 묵념 중이다

풍장을 원한 꽃들
피지도,
펄럭이지도,
날지도 못하고
두꺼운 책 속에서
피를 말리며
어둠 속에서 잊혀진다

문

사이에 지옥과 천국이 있다

자동문에 촉 닿으면 스르륵
두꺼운 휘장 젖히면 살 비린내
으스스 피어나는 소름
잘린 소대가리, 대책 없이 큰 눈망울
피를 뒤집어쓴 채 순종하는 모습
외면해도 눈부처로 박힌다
바닥은 흥건한 피와 타액
그리고 땀으로 썩어가는 갯벌이고
벽은 살점과 핏자국이 튀어 그로테스크하다
내장은 더운 김 뿜으며 욕조에서
탱글탱글 절뚝거린다

주방을 사이에 두고 또 하나 문 열면
핏대 선 소리들이 지글지글 보글보글
부어라 마셔라 씹어라
흥청망청 건배다
날 선 칼로 **뼈**와 **뼈** 사이 가르던 손

참기름 친 죽염에 가지런한 육사시미
젓가락에 미끄러지며 도망친다
뱃속에 쌓이는 탄소
탄 냄새에 코가 삐뚤어져도
비어가는 접시

'웃기는 세상이야' 트림을 쏟아낸 뒤
천국은 따로 없다고 소뿔로 이빨을
쑤신다
천사 같은 동그란 소의 눈
내 눈 속에서 그렁그렁
눈물 흘리며 지옥을 읽는다

번뇌

땀의 보상이 자극이지
몸의 반응에 도전해 가며
힘겨움에 가해지는 고통의 맛

마약 같은 환상이지
유사類死 체험을 하며 홍콩 가는
기분에 한 잔 당기는 맛

몸의 변주곡은 예술이지
밀당은 텐션을 올려 주고
말초신경이 황홀에 넘나드는 맛

유토피아 같은 죽음이지
스트레스가 심하고 말이 많다가
잠깐의 짬에 쪽쪽 빠는 맛

창작은 감동이지
뜻밖의 글이 툭 불거지며
생각보다 멋진 문장이

튀어나올 때 짜릿한 맛

땀 흘린 뒤
거품을 마시며
무드 있는 밤을 보내고
구름 한 대 빨며
시 짓는 맛

갈수록 압박이다
하나둘 정리하라고
다 내려놓아도 밥처럼 시를
씹는 맛은 괜찮지 않을까

108번뇌 삼천 배 해도 모를 숙제

알 수 없는 길

횡단보도에서 줄다리기하는
빨간불과 파란불
깜박깜박 졸고 있는 노란불
불빛이 튀는 순간
블랙홀로 빨리며 널브러진 길

들썩이며 우는 아스팔트
찰과상 입은 공기 비명소리
새파랗게 질린 가로수 잎 온몸 떨고
길 위를 걷던 까마귀 비틀거린다

윈도 브러시는 가속 페달을 밟고
구급차 경고음 가물가물

빨간불 정신 줄에 노란불
또 달린다
파란불로 바뀌지도 않는데

낭떠러지로 치닫는 길

급하게 부르는 이도 없는
언젠가 가야 할 길

그 길이 앰뷸런스 타고 있다

출범하지 못하는

부풀어 오르는 배가 사라진다
심장의 심장 소리가
뛰지 않는 캄캄한 바닷속
올라탈 배
수입산에 다국적으로 대체해도
발길질하는 태동 소리
열 손가락 꼽아가며 귀 기울여도
들리지 않는다
숯과 고추의 금줄 넘지 못하는
아기 울음소리
잉태하지 못하는 바다
출산하지 못하는 배
텅텅 비어가는 섬
숨 못 쉬는 갯벌
푸르고 푸른 희망은 썩고
비명 터뜨리는 고해苦海

한때 범람한 자궁은
찌그러진 가죽가방이 되어가는데

눈망울 까만 아이들
이마 반듯한 배 타고
출범할 수 있을까

해와 달은 날마다 태어나는데

하지 감자를 심으며

오붓하게 부풀고
촉촉하게 물이 올라 있는 두둑

까진 가지를 털렁거리며
두둑에 요를 깔면
펑퍼짐한 엉덩이와 출렁거리는 젖이
씨알을 박는다

부는 바람에 귓속말로 소문 퍼뜨리듯
팔랑거리는 검은 속내
그 속에서 음기를 빨아 밀어 올리는
성감대에 나비는 쪽쪽

"하지 마 그만" 하면서
기다린다 하지가 오기를,
토실토실한 아랫도리 뽑아 올리니
탱탱한 불알이 줄줄이
혹 달군다
〈

갈수록 씨알들이 사라지는 밭
밤새 이부자리 색색거릴 때
무지렁이처럼 씨감자들
주렁주렁 달리던 그 시절
어디에 묻혔을까

소고기는 가스다

소 한 마리 누운 자리
목초지는 자라지 않는다
땅이 말라가는 속도만큼
180g의 육즙이 입속에서
녹아내릴 때
초록 숨은 갈색으로 죽어간다

트림과 방귀로 흩어진 메탄
점점 더 타오르는 지구
냄새 뒤에 숨어있는 살인자
육질의 달콤함에 칼이 저며질 때마다
지구는 조용히 찢기고 있다

녹아내리는 빙하는
소리 없이 흐느끼고
색을 잃어가는 하늘은
샛노랗게 질리고 있다
한 점 고기, 파괴의 속삭임
알면서도 입안에서 멸망을 씹는다

〈
텅 빈 접시 위에 남은 것
이 작은 고기가 그만한 가치가 있었냐고
하지만 대답은 이미 삼켜져 버렸다

꿀꿀거리는 돈

살아생전 한 번도 올려다보지 못했던 하늘
박카스 병 어금니로 깨무는 죽음의 순간으로
터지는 웃음
날아가는 저팔계가 보인다

죽어야만 올라가는 콧대
두둑한 주둥이 실룩거린다
사바에서 천축 가는 여비
구멍이란 구멍 돈다발 꽂힌다

비계 낀 생각 돼지꼬리처럼 버리고
삼겹살 육체미와 잘난 미소 위해
출렁이는 뱃살로
얼마나 꿀꿀거렸던가

돈다발로 짠 멍에 끌고
저승꽃 피는 길에 돈맛, 꿀꿀
돈豚 구덩이 굿판 위에서

칼춤 추는 인간 보며
입 벌리며 웃는 돼지

3부

입속의 바다

홍어

흑산도에서 도착한 암모니아 한 상자

곰삭은 냄새가
막걸릿병 모가지 비튼다
홍어 좆같은 세상
목울대에 걸린 회 한 점
봄밤을 토하니 삭힌 세월이 번지수 잃는다

애를 졸이며 살아온 떫은 삶
설익어 나는 구린내
푹 삭혀 살 속에 박아 넣고
뻥 뚫리는 딴 세상으로
썩어가는 몸이지만 펴고 싶은 날개

끝나가는 술판
한 잔 더 권하는 꽃샘바람
갈데없는 내일이 주저앉힌다
수육은 식어가고
삭은 김치는 벌겋게 취해가는데
쉰내 나는 음부에 코 박고
이별 노래 부르고 있다

땀의 탁본

술이 아닌 땀의 세례洗禮
울지 못한 자리마다
소금기 어린 결심이 맺힌다

땀으로 일어선 자
또 누군가를 일으킨 자
젖은 몸 끝에 福이 싹터
가슴속 굳건한 기둥 하나
말 없는 버팀목 되어
눈물 꽃 피우는 상처마다 지지대

흘린 땀, 바다로 넘쳐
누군가의 방주 하나 띄워 주면
파도치는 아픔 곁으로
헤엄쳐 다가가는 이여
땀 속엔 눈물이 있나니
사만 팔천 개의 땀구멍
힘들지만 눈 뜨고 벙긋벙긋 웃는다
〈

그 몸에 기대어 탁본 하나 새기면
내 몸에도 푸른 실핏줄 돋아
보이지 않는 흠집마다
방울방울 반짝반짝
서로의 살결 꿰매고 있으리

나 원 참,
처음처럼 맛본 참이슬이라니

참 나,
이슬에도 참이 있고 거짓이 있는가
참이슬 맛보면 영롱해지고
거짓 이슬 마시면 해롱거릴까
백사_{白蛇}처럼 이슬만 먹고살 수 없지
그래도 태양이 떠오르기 전까지
이슬에 젖으며 참과 거짓을
논할 수 있을까

나 참,
갈수록 이슬의 순도는 엷어지는데
처음처럼 진하게 돌아갈 수 없는가
그 많던 처음에서 얼마나 먼 길을
왔길래 울먹이는 말들이 습기로
가득 차 참이슬을 입속에
털어 넣어야 하는가

참 나,
걸치고 있는 비루가

진로를 막고 비틀거릴 때
처음처럼 달릴 수 없을까
이슬을 맛볼수록 눈에는
이슬이 하염없이 내리는데
때로는 눈물도 명랑해지니
역설 같은 기분 어찌하란 말인가

참 나인지 나 참인지
여기 처음처럼 참, 참이슬 한 방울 더
참이슬을 처음처럼 마주보기 위해 건배
흔들리는 참 나를 찾아
달려 보는 거지 뭐

입속의 바다

입술에 부서지는
익숙한 듯 낯선, 비릿한 숨결을
파도가 문다

핏빛 파문으로 퍼지는
새조개 한 점
갯벌 추억이 접혀서
혀끝에 터지는 바다의 상처

헛바닥은 오래된 활주로
떠돌다 새처럼 날아 앉는
기억의 잔해
목젖은 저 멀리서 떨리는
내 속의 아우성

씹는다는 건
잊는 게 아니라
다시 되살아나는 일
〈

삼켜진 바다의 핏물
속울음이 파도 타고 흘러나와
가슴 언저리에서 터지는
짭조름한 붉은 눈물

전煎 부치는 말

빗발들이 발뒤꿈치를 들고
일제히 깃털을 세우며
시비를 건다

식기食器 속에서 까놓고 얘기하자며
쪽파가 홀라당 벗고 들어가니
부침가루가 걸쭉하게 입을 틀어막는다
싱싱한 말이 한풀 꺾인다
입을 달싹이던 바지락
눈물 찔끔찔끔 양념을 친다
한목소리는 언감생심
골고루 섞는다

불판에서 설익은 주장들
주파수를 찾지 못해 지지직거린다
눅눅한 잡음이 노릇노릇하게
익어갈 때 말들을 뒤집는다
속이 새까맣게 탄 말은 버리고
새로운 판으로 갈아엎고

또 뒤집는다
말이냐 막걸리냐면서 주거니 받거니 하는 사이
고소한 냄새 소문으로 퍼진다
마시고 돌리고 지글지글 바삭바삭
바삭바삭 지글지글 돌리고 마시고

귀에 소곤거리는 말은 계속 내리고
입에서 나오는 말은 부질없다

마라톤

큰 고래 한 마리 창공에 날고
뱃고동 축포처럼 울리면
오색 갈매기 일제히 공중 부양
환호성이다

청어, 고등어, 꽁치 떼 지어
파도타기 하며 썰물처럼 빠지면
아직은 준치라 우기며 휩쓸린다
줄지어, 무리 지어 순행과 역행을 즐기다
홀로 파도와 맞서다
솟구쳐 거칠게 찬물 내뿜는다

향고래 먹은 청어 웃으며 들어오고,
만세 부르며 고등어 골인하고,
상어한테 지느러미 공격당한 꽁치
절룩거리며 결승선 통과한다
밀물 되어 밀려오는 사이
세월에 꼬리지느러미 잡힌
썩어도 준치 휘청거리며 들어 온다

〈
살아 있다는 것은
가끔 꼬리로 한번 서 보며
눈동자에 고래 한 마리 키우는 것이다

애국자 코스프레

경고;
"지나친 음주는 뇌졸중,
기억력 손상이나
치매를 유발합니다"

그럼 지나치지 말고 술잔에
코 박고 있으란 말 아닌가
술병에 적은 맹랑한 문구
쐬주 서너 병쯤 마시면
지극히 옳은 말씀인 줄 알고
감격해 홀짝홀짝 껌뻑거린다

실행하는 자만이 누릴 수 있는 취권醉權
주변酒邊에 머물며
수십 년 겹겹에서 첩첩으로 휘날리니
이 또한 즐겁지 아니한가

주책酒策 없다 하여도
주사위만 던지면 한쪽으로

기울어지니 마르고 닳도록
酒님을 위해 충성할 수밖에
애국이란 결국 술 한 잔의
거리에서 완성되는 것
결코 내가 좋아서 마시지 않는다

자, 같잖은 나라를 마시며
취한 자는 외친다
부국富國과 강병强兵을 위해
이 한 몸 실컷 두들겨 맞아도
전진의 입술을 술잔에 꽂아라
몸으로 때우는 무지렁이가 될지언정

술병에 별이 뜨고
그 빈 잔엔
국가의 그림자가 출렁인다

내 몸에 핀 꽃

중복이다

꽃도 지쳐 시들 거리는 날
능소화 애처롭게 핀 옻닭집
포실한 살점을 뜯는다

다음날
뜨거워지는 몸뚱어리
근질근질 열꽃이 피기 시작한다
어디 필 장소가 마땅찮아
내 몸을 숙주로 울그락불그락
살갗에 기세등등 만개인가

구애라도 하겠단 말인가
잘못된 생각이 꽃 피운 듯
나비는 오지 않는데 맹렬하게 번진다
붉은 점점이 간지럽고
껍질이 한 꺼풀씩 벗겨지고 난리다
천근만근 누르는 어깨

갈비 하나하나 파고들며 낄낄대는 꽃
가시까지 돋아 바늘로 쑤신다

화무십일홍이라 했다
기왕에 핀 꽃이니 놀다 가거라
가슴까지 열어 안아줄까

근데, 흔적은 지우고 떠나길
잊히고 싶다 너에게
찬물을 열대야 퍼붓고 싶은 더위
이열치열이라고
어거지 좀 그만 부리고

말복이다
철없는 식탐이 피고 지랄이네
내 원 참,

상처가 허물은 아니다

25cc 무동력 바퀴 달린 바람개비*
간은 부었고 설렘은 허파 가득
공중을 날아간다
찰과상 입은 공기의
비명소리는 속도를 더 당긴다
솔개를 추월하며 더 높이
깃 출렁이는데 느닷없이 나타난
허리 굽은 백로白鷺
방향을 돌리다 급히 추락이다

아, 날개가 없다
곤두박질에 내동댕이
도로에 박피 수술하며 얼의 골 갈았다
넘어진 김에 한숨 잘까
가을배추라도 심을까
詩라도 파종할까
거름 살살 뿌리니 상상력이 쓰리고 아프다

울음과 웃음이 새끼줄같이 꼬인 타래에서

까불지 말라며
주제 파악에 나이 공부 좀 하라신다
아픔이 살 될까
상처가 염천에 뒤집혀도
계절 바뀌면 여전히 철들지 않을 텐데

그래도 훗날 돌아보면
그때가 절정이다 말할 수 있을까
놓았거나 놓쳤거나 한
쪼잔한 시간의 부스러기들
그 허물 벗겨지면 탈피할 수 있을까
혓바닥 늘어뜨리며 파닥거렸던
그날이 자기 덫의 함정일까

* 본인이 타고 다니는 산악자전거.

물의 나라에서 쿠데타

맑던 물에 누룩 풀면
발효되는 거짓말
빛바랜 삶에 농담 하나 던지는 건
슬픔이 말짱했기 때문이다

안개 한 사발 떠먹이면
입안에 상륙한 농밀한 반란군
혀끝을 방울방울 적시고
입술에 뜬구름 띄우다
눈동자를 깊게 하는 석 잔째부터
공중 부양하다 날아가기도 한다
죄 사함 받은 죄인처럼

물이 꿈꾸던 또 하나의 얼굴
피 묻은 혁명도 좋지만
간헐적 취기의 깃발 흔들며
못 이기는 척 술의 언어에
빠지는 것도 예술 아닐까
물에 술 탄 듯,

술에 물 탄 듯 살 수는 없잖아

잔 끝에 걸린 작은 생 하나
형상화된 술의 나라에 빠지면
사막에서 익사하는 개^{*}
그 모습 그대로
모래알 홍수 속으로 시나브로
잡아먹힌다 해도

* 프란시스코 고야 그림.

양파를 반으로 자르면

심장은 왼쪽 간은 오른쪽
당신이 맞은편에서 보면 간은 왼쪽
심장은 오른쪽에서 자기 일한다
둘 중 하나 없으면 살 수 없지만
간섭하지 않고 선을 넘지 않는다
왼쪽이든 오른쪽이든
왼발은 왼쪽에서,
오른발은 오른쪽에서 나아가지만
누가 왼발을 좌파라 하고
오른발을 우파라 하는가
더구나 오른쪽 어금니로
씹는다고 우파라 하고
왼쪽 이빨로 씹는다고
좌파라 하지 아니하듯
좌우당간 양파나 쪽파든 씹어야 맛나다
그래야 소화가 잘되고 잘 산다
둘 다 하나이며
노동자고 사용자다
왼쪽 눈에 눈물이 좌파고

오른쪽 눈에 웃음이 우파라 하지 않듯
같이 웃고 울 뿐이다

새는 좌우의 날개로 날고
지구는 해와 달을
날마다 굴리며 돌아가는데
편 가른다고 멈추겠는가

혼술문학상 수상소감

언어는 발효되어야 한다
막 걸러낸 말로는 공감을 빚을 수 없다
누룩을 심고
몸과 마음, 시간을 육성시켜야 한다

문장은 거품처럼 몽글몽글 피어오르고
천천히 뜨기 시작하면
생각과 감정을 저어가며
햇살과 바람에 또다시 숙성시킨다

몽롱이 영롱보다 좋으니
영육에 강장제인 술에 길들여지면
기울어진 생각, 넘어진 문장
비틀린 은유가 별 하나 낚는다

지금 이 상을 받자 혼술로 詩를 빚던
혼수상태의 날들 주마등처럼
가고 말짱해지려 한다
다시 전주곡前酒曲이 내 몸속에 흐르고

주신酒神이 강림하신다

딱 한 잔이라는
누구도 믿지 않는 주문酒文을 외치며
이 한마디로 갈음한다
"모든 예술은 술에 빚지고 있다."*

아쉬워 한마디 보탠다면
나 죽으면 술 단지 밑에 묻어줘
혹시 샐지 모르니까…

* "모든 예술은 술에 빚지고 있다."라는 문장은 출처가 밝혀지지 않은 채 널리 알려져 있다.

지구를 돌리는 두 다리

밟을수록 소리 지르는 두 바퀴
세상 흔드는 것일까
흔들리는 것일까
목젖은 떨리고
두 눈과 심장은 폭발할 것 같아도
나아갈수록 세계는 그만큼의
거리로 멀어진다

취하도록 울고 싶을 때
지구를 밟으며 굴리는 것은
얼마나 통쾌한가
한 발 나가고 두 발 물러설지라도
나가는 힘으로 공기의 어지러움을
밟을 것이다
연약한 두 다리지만
돌리고 돌리며 허파에 신선한
산소로 채울 것이다
푸른 하늘 별에 닿아
꿀벅지가 될 때까지

〈
아직은 지구에
코스모스가 피어 있으니
둥글게 돌아가는 두 바퀴

자유 1

침묵한다고 아프지 않은 게 아냐

마시는 오염된 욕설
일용하는 양식의 독
지치며 쌓이는 피로
날마다 퍼붓는 알코올
몸속에 갇힌 형벌
엎친 데 덮친 격으로 매를 맞는다

24시간 일해도 풀리지 않는 해독
가쁜 숨 몰아쉬며
짐 지고 오르막에 헐떡인다
시위를 하지만 듣지 않으니
조금씩 토라지며 굳어지고 있다
서서히 말없이

한때는 헛된 꿈에 부풀기도 하고
갑작스런 일에 콩알만 할 때도 있지만
아직은 배 밖으로 나오지 않으니

혹사시키는 나날
내가 죽으면 소용없는 장기$_{臟器}$들
들고 일어서지만 묵묵부답

1.5kg이
70kg 거구를 들배지기로
업어치기를 할까 망설이면서
간$_{肝}$은 말없이 외친다
자유를

4부

티끌 같은 메아리

티끌 연서戀書

우주먼지로 빚어진 당신과 나
무늬 하나 눈 맞아 스쳤습니다
고맙다는 말
입술에 맺히다 날아갔지만
존재하지 않던 작은 공간,
그 자리에 잎사귀 미소가 피었다 녹아내린 허무
슬프게도 찬란한 무력감이었습니다
안타까운 숨결 아래
되살아난 소리 없는 노래
당신의 마지막 기도 되어
묵묵히 나를 감쌉니다
한 줄기 별똥별이 허공을 찢은
그 찰나만 온전히 간직한 채
나는 지금 낭떠러지 끝에 선 티끌,
천천히 당신을 향해 흩어집니다
어둠이 나를 접어 넣을지라도
가장 환한 곳에 자라는 눈빛,
망울 맺혀 마지막 문장으로 피어
당신에게 날아갑니다

우체통

사시사철 배고프다
이렇게 외면당한 적 없는데
갈수록 발길이 뜸하다

서 있기만 해도 먹을 것을
넣어 주던 손, 사모하던 얼굴이
무미건조하게 바뀐 지 오래

한때는
혓바닥으로 바른 정에 착 붙어
사나흘 푸른 설렘 피우며
날아가던 마음 애틋했는데

이젠 발효할 새도 없이
이미 도착해버린 말장난들
화면 속 어딘가에 만질 수도
느낄 수도 없는
언저리만이 남아 있다
〈

그래도
녹슬지 않는 단심丹心으로
입을 벌리고 서 있다
체온과 표정을 아직은 전달받고 싶어서

붉은 꽃 칸나처럼

알고리즘의 눈

미혹의 강
지팡이 눈으로 건넌다
하루 세끼 밥, 석 잔 술,
책 한 줄 밑줄 긋듯
익숙한 반복의 늪

"외로운 밤",
한 번 검색했을 뿐인데
나보다 나를 먼저 아는 인공지능
창가엔 새벽 두 시 소쩍새 울고
맞춤 위로의 형용사 숲
스크롤 아래 앞다투어 우거진다

지워도, 꺼도 사소한 끌림들
거미줄처럼 내 손등에 걸려
어느새 '좋아요' 누르고
'낭만에 대하여' 듣는다

억지웃음 짓는 아바타

설계된 감성의 복제품인가
지루함이 건드린 손끝,
클릭한 흔적 따라
조각된 내 모습 떠다닌다

취향이라는 이름의 목줄 차고
자유로운 듯, 길들여진 채
오늘치 외로움
자동 연장 신청하지 않으려
머릿속 알고리즘 리셋하고 있다

아스팔트의 만찬

한밤중에도
잠자지 않는 검은 아가리
벌떡 일어나 산의 심장까지 파고들며
탐욕스레 흘리는 침

널브러진 육신의 잔해
빗물에 번들거리는 기름 덩이
혓바닥 같은 도로 위
피 묻은 비명을 게걸스럽게 탐독하는 눈
바퀴 아래 짓뭉개진 수천 톤의 원성
그 붉은 맛을 독서 중이다

속도를 탐닉하는 맹수들
고함과 비명을 질주하며
그늘 속 새끼 돌보던
어미의 가슴을 짓밟는 쇳소리

공존 없는 무덤
울음조차 묻힌 무연고의 도로

미쳐 날뛰는 스피드에
멸종의 끝까지 달려가는 만찬
무한 리필이다

공空

바람이 분다
어디론가 튀어야겠다
시작도 끝도 알 수 없는 단독자
차고 때리고 날려도 0수래 0수거
0든 탑 무너진다 해도
그물에 걸리지 않는 0으로 날자

날아오는 0 비스듬히 잡아
골대 향해 슛 날리는 그 자세
0에서 4로 가는 길
0과 0 사이
00(빵빵)하게 바람 넣고 탄력받아 나가자

0과 4 구분하지 않고
0이 4와 가깝게 지내면
04가 엉망이고
4가 0에 붙으면
40이 산으로 간다
〈

튀는 0처럼 가볍게
바람 따라가다 09(빵구)나면
8할의 웃음 채워 0 구르기 하자

지구는 0처럼 돌아가고 있지 않은가

입과 항문

똥구멍이 웃을 때까지
살지는 않을 거야

괄약근을 오물거리는 입과
말하듯 뱉어내는 항문 사이에서 살고 있는 나
들어가는 밥에 나오는 똥
인풋과 아웃풋이 다를 뿐
똥은 밥이다
그러니까 첫은 끝이고
끝은 또다시 첫이다

미주알고주알 따져봐도
화를 부르는 게 입이라면
근심을 푸는 곳은 항문이다
출발점에서 종착지까지
꼬불꼬불한 외길
그 길 끝 똥꼬에 악력이
삶과 죽음이려니 힘주어 살지어다
피리 부는 똥구멍 연주가

바람 새지 않게

입이 바짝 타거나
똥구멍에 불이 나지 않도록
밑을 샅샅이 보며
굵고 튼실한 똥 만들기 위해
오늘도 입조심

눈물 사용 시 주의 사항

환경 보호에도 말라 가는 눈물
천연기념물 되더니 유형문화재로
맥을 이어 가는 지금
한 방울이라도 속절없이 흘리지 마라
아끼지 않으면 곧 소멸된다
어쩌다 어깨 들썩이며 속으로 삼키지만
갈수록 마른 수건 비틀 듯 나오지 않는다
모든 것 잃어도 눈물을 사수하라
행여 한물간 감상으로
치부하지도 말고 보존하라

밤샘*의 누선(淚線)인 만경강
수달 눈썹이 오염되지 않게
수염에 걸린 눈물 찍어
자연 보호한다고 현수막
어설피 걸지 마라
울음을 잊은 강이 잃어 가는 눈물에
노을은 붉게 번지고 있다
〈

기억하라
심연에서 펑펑 샘솟던
천연 암반수는 사라졌다
숨통이 막힌 우물만 폐가에 남아
멸종 위기에 처한 눈물

훗날,
발굴을 통해 찾은 진주는 진품으로
판명되어 눈물박물관에
위리안치될 것이다

* 만경강의 발원지.

사막

할부로 구입한 쌍봉낙타

기름을 만땅 넣은 육봉
광택을 낸 털
냉각수가 가득 찬 뱃속
사막을 횡단한다

윙크하는 긴 속눈썹
벌렁거리는 콧김
꼬리치는 꼬리
침을 휘날리며

"야" 타 하는 하품 소리에
두 눈 깜박거리다
두 귀를 쫑긋하며
등에 올라타는 사막여우

번제물을 바치게 하는 햇살
허물어지는 모래 기둥이

무릎을 꿇게 해도
가물거리는 신기루
보일 듯 말 듯 오아시스가
발길을 채근한다

바람의 곡소리가 묻혀 있고
시간의 무덤이 기다리고 있더라도
밤을 등에 업고 모래를 씹으며 가자
이쁜 여우야,
고삐를 당겨라

비등 沸騰

냄비에 불이 끓고 있다

다소곳이 눈물 흘리다
더운 짜증도 뿜어내고
열받은 뚜껑 들썩거렸지만
외면했더니

투덜대며 계속 부글부글
악을 쓰며 부르지만
모른 채 했다고
속이 새까맣게 멍들었다

뒤늦게 불 끄고 찬물 쏟아 보지만
바닥에 검게 탄 원망
요지부동 두텁다
철 수세미로 닦고 문질러도
앙금이 지워지지 않고
눌어붙어 앙칼지다
〈

이젠 녹과 한숨이 슬은 냄비
버릴 수도 없고 다시 쓸 수도 없다
그렇다고 새 냄비는 언감생심

엎어진 지난날
지워지지 않는 얼룩
들고 일어서며 닥치니
부글부글 끓는 속에
갈비가 울고 있다

모래는?

모래의 소망은 뭘까

콘크리트 같은 불통일까
유리 같은 전망일까
숨 못 쉬는 벽 속의 어둠과
햇살에 파란 웃음 짓는
창 사이에서 방황했을까

모래의 함성은 뭘까

부서지면서
아우성치는 소리에
금이 가고 깨지는 걸까
아파도 침묵과 함묵으로
굳어지는 걸까

모래의 궁극은 뭘까

깎고 깎이어 작아지면서

시간과 공간을 채우는 걸까
삶과 죽음의 어느 지점을
통과하면서 실패의 말을
무수히 던지고 싶은 걸까

모래의 입장은 뭘까

바위가 모래를 낳고
불로 태어나서 물과 바람에
사위어 가는 들러리일까
하나하나에 이름을 붙여
별을 꿈꾸는가

백비 白碑

까치집에 독사가 똬리 틀거나
바위를 쪼개며 피는 꽃이 아니라면

한 줄의 위로에 맘 뺏기지 말고
통통 뛰는 탄력에 붕 뜨지 말라
끄적거리며 잡으려 애쓰지 말고
묵묵히 여백으로 남기자

움직이는 과녁이라 맞추려 하면
도망가고 애써 맞추면 저 멀리
다른 표지들이 흔들리며 다가온다
만족의 쳇바퀴는 부족함으로
돌려야 하지만 말없이 멈추자

고단한 폐지廢紙도 되지 못하니
소지燒紙 올리듯 두 손 모아
백지로 날려 보내고
흔적 없이 쌓인 눈

미혹에 눈물로도 보태지 마라

서산 삼존 마애불

울 수 없게 태어나서
우는 방법을 모르지만
울지 않아도 삼키는 눈물
묵묵히 슬픔을 참는다

보는 중생마다
온화한 백제의 미소라 일컬어
흥망사에도 태연했지만
조금씩 망가지는 세월에
찡그릴 수 없어 웃는다

속이 시커멓게 멍 들어도
미소만 띠며 천오백 년을
맨손, 맨발로 서 있는
탐진치의 삼존불

속울음 들을 수 있는 부처를
기다리며 또다시 천년
맨몸으로 삼매경에 들지만

문드러지는 눈 코 입
풍경 속에 내 몸도 웃음을 잃은
마애불로 가고 있다

모나리자의 미소

간밤에 폭식을 했을까

얼굴이 부풀어 오른 우울한 미소
풀어진 머리카락으로도
감출 수 없는 뚱뚱한 조소
다이어트에 폭망한 애잔한 냉소
풍성한 가슴속으로
숨기고 싶은 그늘진 웃음
차오르는 숨을 복근으로 조이며
평온을 가장한 실소
보여줄 수 없는 두꺼운 나체에
식탐을 후회하는 쓴소
있는 듯 없는 듯 면사포 같은 옅은
눈썹에 감춰진 고소
가식적으로 흘리는 인위적 눈웃음
두 손으로 감춰진 출렁출렁
뱃살의 독소

입가에 흘리는 가소假笑는

식곤증일까 춘곤증일까
웃는 게 웃는 것일까
점잔과 여유는
어디서 나오는 것일까

티끌 같은 메아리

티끌은 모아도
기침 한 번에 흩어질 먼지
그 가벼운 무소유를 핑계 삼아

'가짐은 갈등의 씨앗'이라며
없음을 가면처럼 눌러쓰고
허기진 손바닥 위엔
자유를 가장한 게으름을 얹었지

밥숟가락에 밴 눈물은 비껴가고
추위와 눈총도 못 본 체
철부지로 유유자적 살아왔지

허기 달래며 적는 이 시,
저항인지 위안인지
부적처럼 눌러쓴 문장
티끌 같은 엑기스인가
찬란한 부스러기인가
〈

어쩌면 그건
양심에 전족을 채운 자의 숨구멍,
아니면 자기 긍정의 초라한 기도

무소유란
가진 자의 사치였다는 걸
속물이 된 지금에야
뼈저리게 깨닫는다 해도

물 빠진 자에게 남은 건
낡은 옷 한 벌,
바스러지는 자존심 한 조각,
그마저도 쥐고 있으면
죄가 되는 듯

■□ 해설

자기분화自己分化한 배경 의식의 시현示顯
- 김충래 시집 『눈물 사용 시 주의 사항』

박용진(시인)

1. 시작하며

메타인지(metacognition)란 무엇인가. 사물과 상태, 현상에 대한 인지 과정을 고층 차원의 시각에서 판단하는 정신 작용으로, 한마디로 높은 수준의 생각하는 기술이라고 할 수 있으며, 자신이 무엇을 알고 무엇을 모르는지 아는 것, 자기 인지 능력을 뜻한다.

그렇지 않음에도 불구하고, 잘못 아는 사실들, 절망적이라고 여기는 인지 오류가 만연하는 세상이다. 어떤 어긋난 일에 대해 자신이 관계되었거나, 책임을 거부한 채, 타인의 잘못만을 따지는, 과부하 행위를 자주 겪는 요즘이다. 예를 들어, 아이들이 공놀이를 하다가, 잘못 던진 공이 큰 유리를 싣고 지나가는 차의 유리를 깨트렸다. 공을 던진 아이의 잘못으로 여기는 경우가 많을 것이다. 운전기사는 아이의 부모에게 유리값을 변상해달라고 할 것이며 운전사는 왜 내게 이런 일이 생기는가,라며 불평을 하게 된다. 공이 날아와서 유리창에 부딪혀서 유리가 깨지기 전까지는 특별한 움직임이 없었다. 세상의 움직임은 특정한 개체의 개입으로 인해 움직임이 생기는데, 이에 따르는 사물들에게서 상대적인 운동적 차이의 발생을 '유율'(flucxion)이라고 한다. 깨어지기 전까지의 유리는 '깨지지 않음'의 상태에서 '깨어진' 상태의 가능성을 포함한다. 일상에서는 언제든지 깨어질 수 있음을 알고 있어도 이를 지속하지는 않는다. 갑작스럽게 생기는 어떤 일은 존재 가치를 더욱 명확히 하며, 아무런 일이 없었다면 삶의 변화는 더딜 것이다. 공을 던진 아이만 탓할 것이 아니라, 아이들 놀이 장소에서 사고 발생을 예측하며 조심스럽게 지나갔다면 어땠을까, 이로 인하여 아이는 다치지 않았을 것이라고, 그나마 다친 아이가 없어서 다행이라고, 생각하는 힘이 부족한 현 세상이다. 어떤 현상은 '나'에게서 비롯한, 나의 '반영反映'이 아닌지,라는 의심이 들 때가 있다. 유리는 깨졌지만 더욱 조심하는 계기로 삼으며 '유율'(flucxion)의 상태와 자기 '반영反映'의 포함 가능성을 인식할 수 있다면 높은 메타인지의 소유자라 할 수 있다. 누구나 사람마다 다른 인식능력의 차이는 있지만 생존 본능에 기인한 저항력으로, 스스로의 위치를 제대로 알기는 어려운 법이다.

인식능력의 부재는 항상 딜레마다. 지구환경 파괴가 극에 달했음에도 최근의 납득하기 힘든 비상계엄 사태와 이스라엘과 이란의 국제 분쟁부터 지인들의 갈등을 보더라도, 모든 문제의 시작이며 현대 사회의 사소한 자극에도 반응하는 과잉행동과 이상 현상들의 원인이 된다.

시집 『눈물 사용 시 주의 사항』에는 자기 분화를 통해 높은 인지능력이 가득한, 시인의 배경 의식을 알 수 있다. 사람이기 때문에 시행착오와 판단 오류를 범할 수 있지만, 사유와 각성을 통해 높은 의식을 소유하게 된다. 스스로의 성찰을 넘어 인류 전체의 위기마저 언급한 시인의 의식세계를 읽어본다.

2. 고통에 대하여

허리 협착증은
등뼈 깊숙이 박힌 오래된 옹이

그 무게에 휘어진 자존은

봄조차 머뭇거리게 만드는데

물구나무선다

속 뒤집힌 체념들 쏟아지고

　　　　　　　　　　－「요가」 부분

　사람들의 고통의 원인은 '나'라고 여기는 '몸'과 '인식 감각의 오류'에서 발생한다. 몸은 욕망을 일으키면서 끊임없는 요구를 하고 있다. 살아가기 위해서는 불가피하지만 신체 특성상 감각 할 수 있음의 한계로 판단 작용에 오류를 일으키기 쉬워서, 시행착오의 반복과 이로 인한 고통을 받기 십상이다. 고통을 세분화하면 통증, 아픔, 괴로움 등 헤아릴 수 없을 만큼 많다. 물질의 육체로 육화한 사람은 몸이 아파서 받는 통증부터 사람 관계성의 굴곡이 수반하는 정신적 고통까지 '나'에서 비롯하기도 하지만 '나'를 제외한 외부 요인으로 인한 원인까지 다양한 이유와 과정에 따르는 아픔과 슬픔을 겪고 있다. 고통에 대해서는 많은 철학 종교적으로 접근해서 원인과 벗어나는 방법을 찾아왔지만 개인의 환경과 배경에 따라 다른 평가와 해석 범주의 차이가 많아 실질적으로 느끼는 일차적 고통만을 대체로 거론하는 편이다.

  시인은 협착증이라는 통증을 겪고 있다. 요추관 협착증은 척추 내 신경이 지나가는 통로가 좁아지는 현상으로 인해 신경이 눌리면서 이에 따른 여러 가지 증상을 일으키는 질환으로서, 나이가 들수록 더욱 심해진다. 시인은 물구나무를 선다고 했다. 물구나무서기는 혈액순환을 촉진하고 뇌 혈류량을 증가시켜 두뇌활동 향상에 도움이 되는 등 많은 유익한 이점이 있다. 시 작품에서 시인은 속 뒤집힌 체념을 쏟아 낸다고 했는데, 속을 뒤집은 일들이 무엇인지 자세히 유추하긴 어렵지만 물구나무를 서서 체념을 쏟는 모습은 흔하지 않은 상태로서, 힘든 자기분화를 실시했음을 알 수 있다. 뜻하지 않은 현상을 접한 다음에는 요가를 통해 관계 경로의 안정을 가졌으리라.

  "밤낮없는 불협화음/ 혁명을 하자는 것인가"(「이명」)

  외부에서의 소리 자극 없이 귓속 또는 머릿속에서 감각하는 이상 음감으로서, 당사자는 큰 고통을 겪게 된다. 귀 내부의 질환에서도 연유하지만 원인 불명인 경우도 30퍼센트 가까이 되며 무척 치료하기 힘들다. 일상에서 발생하는 스트레스의 경우 금세 해소하기 어려운 수가 많다. 잠을 자려고 누워있으면 이 생각 저 생각이 들며, 경험에서 오는 불쾌감은 더욱 증폭하기 마련이다. 몸과 마음은 일

체이기에 신체 활동을 통해 이를 극복해 나갈 수 있었으
리라.

> 하얗게 태운 밤
> 함께 쓴 낱장을 태우며 길을 나서다
> 주저앉는다
> 심폐소생술로 추억을 되새겨 보지만
> 찢어지고 뜯어진 페이지
>
> 소지(燒紙) 올리듯 두 손 모으고 배웅한다
>
> — 「낙서를 태우며」 부분

죽음은 삶에서 종종 부딪히는 문제이며 갑작스럽게 다가오는 경우가 많다. 대상자는 물론 주변인들까지 혼란에 빠지게 된다. 이러한 죽음에 대해 우리는 피해 갈 수는 없는 것일까. "반드시 죽을 것임을 기억하라"는 의미의 라틴어 문구인 메멘토 모리(Memento mori)가 떠오른다. 모든 살아있는 것들은 언젠가는 죽음을 맞이하며, 이를 비껴갈 수는 없다. 죽음은 주변에서 자주 접하는 현실이다. 가까운 친척이나, 친구, 지인의 부고 소식을 받는 순간, 한동안은 슬픔에 빠진 다음 냉정하게 생을 앗아가는 죽음과

우주의 근본적인 이치에 대하여 생각하게 만든다.

작품 「낙서를 태우며」에서는 죽음과 이별의 슬픔을 이야기하고 있다. 주변인들과 헤어지게 됨을 누구나 알고 있지만 이에 대한 준비는 할 수 없다. 그냥 아픔을 버티고 잠행하는 것으로, 시간에만 의지해야 하는 것일까. 죽음에 대한 대비를 어떻게 하여야 할까. 미리 이에 대한 준비를 한다면 자칫, 우울감에 빠지는 역효과를 얻을 수 있기에 다소 주저하게 된다. 그러면 사별에 대한 심적 대비는 어떻게 하여야 할까. 시인은 "소지燒紙 올리듯 두 손 모으고 배웅한다"라고 했다. 배웅에는 단순하게 손님을 보낸다는 사전적 의미 외에도 '고마웠음'을 내포하고 있다. 슬픔에 대비하기 위해 스토아 철학자들은 부정적 시각화(negative visualization) 기법을 연습했다.[1]

부정적 시각화는 죽음에 대한 충격을 줄일 수 있을뿐더러 그동안 나와 함께해 줘서 고마웠다는 의미를 포함한다. 사랑하는 사람들이 조만간 죽는다고 미리 상상을 한다. 삶의 유한함을 인정하면서 이들과 지내는 시간이 무척 소중해진다. 시인의 정성스러운 배웅은, 여태껏 나와 알고 지낸 시간이나 함께 살아줘서 고마웠다는, 부정적 시각화의 연장임을 알 수 있다.

상실喪失은 부정성을 부여함과 '다음'이라는 시뮬라크르

의 단초를 제공한다. 시인의 상실은 더 나은 성찰을 향하는 지점이다. 시인은 상실이 주는, 결코 소진되지 않는 경험에 기초한 실재라는 '다음'으로의 진입을 선택했다.

3. 경계를 넘어서는 지금의

> 사이에 지옥과 천국이 있다
>
> — 「문」 부분

문은 우리 생활에서 항상 접하는 공간이자 포괄적인 의미망을 가진 경계다. 의도하든지 그렇지 않든지 늘 생성과 소멸을 지켜볼 수 있는 경계는 인식 사유의 범주를 확장시켜 준다. 물리적 표상을 떠올리는 경계는 모호성을 토대로 잠재적이거나 즉물적인, 부재와 실재가 공존한다.

현재의 지구환경은 이미 기준을 넘어선 지 오래다. 재래식 에너지의 과다 사용으로, 온실가스로 인한 온난화와 이상기후, 해수면 상승과 수질 오염은 심각한 상태다. 그럼에도 이를 극복하려는 노력은 환경 파괴의 속도를 따라잡지 못하는 실정이다.

시인의 여러 시편에서는 지구환경에 대한 우려를, '소'를 통해 토로하고 있다. 작품 「문」에서는 소고기를 식용하며 생기는 탄소가 대기를 채우며 벌어지는 현재의 환경에 대한 고민을 읽을 수 있다.

"점점 더 타오르는 지구"(「소고기는 가스다」), "맞으면 맞을수록 막혔던 서러움 / 되새김질하며 토해낸다."(「소가죽 북」) 소를 가까이하는 환경에 사는 시인에게서 도축을 통해 식용화하는 어여쁜 송아지와 소에 대한 안타까움이 묻어난다. 단백질을 섭취해야 한다면서, 도축과 식용은, 생존을 위한 인간의 어쩔 수 없는 행위이지만 이를 대체할 방법은 없는 것일까. 시인의 시선은 '문'이라는 경계에 서 있다. 고기 섭취를 위한 환경 파괴와 이에 따르는 탄소량의 증가로, 도래한 지 오래인 기후 위기에 인간의 선택은 어디로 가야 하는 것일까.

작품 「택배 상자」에서는 "온난화가 갈수록 심해지면/ 벗고 다녀야 하는 반작용일까"라고 했다. 우리가 입다가 버리는 헌 옷은 분리수거함에 담는다. 대부분의 옷은 재활용되리라는 기대와는 달리, 먼 아프리카 나라에 비용을 지불한 뒤 헌 옷을 수출해 버린다. 재활용이 불가능한 쓰레기를 돈을 주고 맡겨 버리는 것이다.

내가 버린 작은 쓰레기가 나비효과[2]를 불러오는 것은 아닐까. 우리는 심각한 논의를 해야 한다. 가장 깊은 마리

아나 해구에서 참치캔이 발견되었다. 심해에서 특별한 생명과 특이점에 대한 기대는 처참히 무너졌다. 결국은 없어져서 사라질 것임을 알지만 왜, 인류는 환경오염과 인구 폭증 같은, 빠른 멸망을 향하는 것일까. 존재에 대한 부정이라고 밖에 여겨지지 않는다. 지구에는 많은 생명이 존재하고 있다. 살아가면서 갈등과 전쟁, 질병, 재난을 겪으면서 서로를 위해주기도 하지만 늘 존재에 대한 질문과 해체, 분열에 대한 자기 정체성에 의문과 공포를 느끼고 있다. 존재한다고 여겨지는 지금 순간 외의, 비존재 상태에 대해 우리는 잘 알지 못할뿐더러, 늘상 자각하지 못하며 어느 순간엔 갑작스럽게 큰 두려움을 가진다. 암울해질 미래에 대해서는 예측하지 않음이 오히려 더 편하게 느껴진다.

"소리 소문 없이 다가선 가뭄"(「눈물」), "모든 것 잃어도 눈물을 사수하라"(「눈물 사용 시 주의 사항」)

시인은 '문'에 서 있다. 지옥과 천국이 눈앞에 펼쳐져 있는데도 인간은 통제할 수 없는 지옥문을 열고 들어섰다. 멸종 위기 보호종에 인간을 포함시켜야 하는 것은 아닐까. 시인의 인식 범위 내 고민은 시인만의 문제가 아니다. 이미 문을 열고 돌아갈 수 없는 상태는 아닌지, 이에 대한 문제를 확대해야 할 시점에서 시인이 '눈물'을 이야기함은 인간이 태어날 때부터 가져온 인간적인 감성을 지켜야 한다는 의도로 추정한다.

4. 하나이면서 전부인, 공空

김충래 시인의 시집에 자주 등장하는 기표記標는 공허, 물거품, 사막, 티끌, 모래다. 자연히 잘게 부스러진 돌 부스러기라는 사전적 의미의 모래는 주변에서 항상 접하는, 암석과 광물질의 작은 조각으로 구성된 입자로서, 건축이나 여러 용도로 사용한다. 지구를 포함한 행성을 이루는 기본 물질이기도 한 모래를 시인은 자주 언급했다. 멀리서 바라보면 밀도 높은 주변 생활은 한 점 모래알이나 이보다 작다는 걸 알게 되며, 삶의 방향성에 잠시 멈추기도 한다.

"모래의 궁극은 뭘까"(「모래는?」) 시인은 생의 근원에 대한 질문을 스스로에게 묻고 있다. 해변에서 모래성을 쌓았다가 밀려오는 물결에 다시금 제자리로 돌아가는 모습은 마치 시인이 언급했던 "0든 탑 무너진다 해도/ 그물에 걸리지 않는 0으로 날자"(「공空」)을 떠올린다. 모래성처럼 노력을 다했으나 공허하게 무너졌던 일을 우리는 직, 간

접적으로 경험한다. 시인이 자주 언급한, '공허', '물거품'은 우리 삶의 근본적인 물음으로만 끝이 나는 것일까.

양자물리학 과학자들이 이중슬릿 실험(double-slit experiment)을 실시했다. 만물을 이루고 있는 미립자들은 관측할 시에는 입자의 형태로 보이다가 관측하지 않을 시에는 파동의 모습으로 보였다. 사람의 의식이 미립자에게 영향을 미친다는 관찰자 효과(observer effect)로서, 입자들은 알갱이일 것이라는 의식이, 관찰하지 않을 시에는 다르게 나타난다는 것이다. 모래 또한 마찬가지다. 일체 만물을 이루는 입자들의 '모임'과 '해체'는 우주의 근본이며, 관찰자와 입자가 둘이 아닌 하나임을 알 수 있다. 관찰자인 나와 대상인 모래, 사라진 모래성은 상호 작용으로 존재성을 부여한다. 모래를 이루는 미립자와 인간을 형성하는 우주먼지는 같은 것이기에.

시인은 '사막'에 주목했다. 광활하게 펼쳐진 모래밭에서, 터진 모래주머니가 되었거나, 많고 많은 모래에서 전부이자 하나가 되거나, 우리는 모래 알갱이이면서, 사막 전체임을 감각적인 비유로 이야기하고 있다.

5. 맺으며

"우리는 희망할 자격이 있는가, 상상으로만 그치는 게 아닌가?" 부정적 감성 소유자의 말 같지만 가끔은 실제로 존재하는 세계인 실재와 부재의 교차와 공존인, 현실을 살아가다 보면 자신에게로 되돌아오는 상징적인 질문을 떠올릴 때가 있다.

스토아 철학자들이 주장한 '덕'(도덕)을 온전히 갖출 때 이를 수 있는 최고선의 경지인 아파테이아(apatheia)[3]에 도달하지 못하거나 이탈하지는 않을는지, 중용이라는 개념을 통해서 정념이 너무 많은 상태와 아예 없는 상태의 중간에 머무는 것, 지옥문과 천국문 사이에서, 곧 감정의 순화 혹은 감정적 균형(metriopatheia)을 유지하는 게 중요함을 우리는 알고 있다. 그럼에도 뜻하지 않은 아픔과 만성적인 정서적 불균형으로부터 자유롭지 못하다.

김충래 시인의 시집 『눈물 사용 시 주의 사항』에는 높은 인지능력을 읽을 수 있다. 시인의 말에서 "보이지만 잡히지 않는 詩"라고 했다. 소통과 공감이 기초하는 상생相生을 원망願望함으로도 충분하다. "없음을 가면처럼 눌러쓰고"(「티끌 같은 메아리」), 나와 다름을 인정하되 다르지 않다고 인식하는 것이다. 이해하기 힘든 여러 현상들에게 잠

식당하고 죽음을 비롯한 일체 고통을 형이상학적으로만 치부하고 말 것이 아닌, 시적 미학으로 풀어갈 때 삶은 또 다른 차원으로 상승한다. 불가피한 추동推動의 세계에서 자기분화를 통한 높은 인지력은 나와 타자에 대한 삶이 풍요로워진다. 메타인지적 세계로 자연스럽게 이끌어줄 시인의 통찰을 읽어본다.

1) 브리지드 딜레이니의 불안을 이기는 철학(도서출판 길벗, 2023년)

2) butterfly effect, 나비의 작은 날갯짓처럼 미세한 변화, 작은 차이, 사소한 사건이 추후 예상하지 못한 엄청난 결과나 파장으로 이어지게 되는 현상.

3) 욕구와 감정에 휘둘리지 않는 마음의 평정 상태를 의미하는 그리스어(apatheia)에서 유래한다.

미네르바 시선 086

눈물 사용 시 주의 사항

초판 1쇄 발행 2025년 8월 20일

지 은 이 김충래
펴 낸 이 한춘희
펴 낸 곳 지성의 상상 미네르바
등록번호 제300-2017-91호
등록일자 2017. 6. 29.
주　　소 03131 서울특별시 종로구 율곡로 6길 36, 월드오피스텔 802호
전　　화 02-745-4530
전자우편 minerva21@hanmail.net

ISBN 979-11-89298-83-8(03810)

값 12,000원

* 이 책은 전부 또는 일부 내용을 재사용하려면 반드시 저작권자와 미네르바의 동의를 받아야 합니다.
* 이 도서의 국립중앙도서관 출판시도서목록은 서지정보유통지원시스템 홈페이지 (http://seoji.nl.go.kr)와 국가자료공동목록시스템(http://www.nl.go.kr/kolisnet) 에서 이용하실 수 있습니다.